Carolina Sonnenschein

Französisch an Stationen

SPEZIAL

Grammatik

3./4. Lernjahr

Auer Verlag

Die Herausgeber:

Marco Bettner: Rektor als Ausbildungsleiter, Haupt- und Realschullehrer, Referent in der Lehrerfort- und Lehrerweiterbildung

Dr. Erik Dinges: Rektor einer Förderschule für Lernhilfe, Referent in der Lehrerfort- und Lehrerweiterbildung

Die Autorin:

Carolina Sonnenschein: Fachlehrerin für Französisch und Katholische Religion in der Sekundarstufe I

Bildquellen:

Ältere Frau im Tante-Emma-Laden © MEV, Volume 60, MEV60008
Eiffelturm © Ben LIEU SONG, wikipedia
Freiheitsstatue © Daniel Schwen, wikipedia

Gedruckt auf umweltbewusst gefertigtem, chlorfrei gebleichtem
und alterungsbeständigem Papier.

1. Auflage 2013
Nach den seit 2006 amtlich gültigen Regelungen der Rechtschreibung

Illustrationen: Hendrik Kranenberg, Julia Flasche, Thorsten Trantow, Bettina Weyland, Steffen Jähde
Satz: krauß-verlagsservice, Augsburg
Druck und Bindung: Kessler Druck + Medien, Bobingen
ISBN 978-3-403-**07178**-5

www.auer-verlag.de

Inhaltsverzeichnis

Vorwort

Bei den vorliegenden Stationsarbeiten handelt es sich um eine Arbeitsform, bei der unterschiedliche Lernvoraussetzungen, unterschiedliche Zugänge und Betrachtungsweisen und unterschiedliche Lern- und Arbeitstempi der Schüler[1] Berücksichtigung finden. Die Grundidee ist, den Schülern einzelne Arbeitsstationen anzubieten, an denen sie gleichzeitig selbstständig arbeiten können. Die Reihenfolge des Bearbeitens der Einzelstationen ist dabei ebenso frei wählbar wie das Arbeitstempo und die Sozialform.

Als dominierende Unterrichtsprinzipien sind bei allen Stationen die Schülerorientierung und Handlungsorientierung aufzuführen. Schülerorientierung meint, dass der Lehrer in den Hintergrund tritt und nicht mehr im Mittelpunkt der Interaktion steht. Er wird zum Beobachter, Berater und Moderator. Seine Aufgabe ist nicht das Strukturieren und Darbieten des Lerngegenstandes in kleinsten Schritten, sondern durch die vorbereiteten Stationen eine Lernatmosphäre zu schaffen, in der Schüler sich Unterrichtsinhalte eigenständig erarbeiten bzw. Lerninhalte festigen und vertiefen können.

Handlungsorientierung meint, dass das angebotene Material und die Arbeitsaufträge für sich selbst sprechen. Der Unterrichtsgegenstand und die zu gewinnenden Erkenntnisse werden nicht durch den Lehrer dargeboten, sondern durch die Auseinandersetzung mit dem Material und die eigene Tätigkeit gewonnen und begriffen.

Ziel der Veröffentlichung ist, wie bereits oben angesprochen, das Anknüpfen an unterschiedliche Lernvoraussetzungen der Schüler. Jeder Einzelne erhält seinen eigenen Zugang zum inhaltlichen Lernstoff. Die einzelnen Stationen ermöglichen das Lernen mit allen Sinnen bzw. den verschiedenen Eingangskanälen. Dabei werden sowohl visuelle (sehorientierte) als auch haptische (fühlorientierte sowie kognitive (intellektuelle) Lerntypen angesprochen. An dieser Stelle werden auch gleichermaßen die Brunerschen Repräsentationsebenen (enaktiv bzw. handelnd, ikonisch bzw. visuell und symbolisch) mit einbezogen. Aus Ergebnissen der Wissenschaft ist bekannt: Je mehr Eingangskanäle angesprochen werden, umso besser und langfristiger wird Wissen gespeichert und damit umso fester verankert.
Das vorliegende Arbeitsheft unterstützt in diesem Zusammenhang das Erinnerungsvermögen, das nicht nur an Einzelheiten und Begriffe geknüpft ist, sondern häufig auch an die Lernsituation.

Folgende Inhalte des Französischunterrichts werden innerhalb der verschiedenen Stationen behandelt:

- Les adjectifs et les adverbes
- Les noms
- Les phrases
- Les temps et les modes
- Les verbes
- Les pronoms

Ich wünsche Ihnen und Ihren Lerngruppen in jedem Fall viel Freude und Erfolg beim Einsetzen dieser Unterrichtshilfe!

A bientôt et bonne chance

Carolina Sonnenschein

[1] Aufgrund der besseren Lesbarkeit ist in diesem Buch mit Schüler auch immer Schülerin gemeint, ebenso verhält es sich mit Lehrer und Lehrerin etc.

Hinweise zu den Stationen

Grundsätzlich sind die entsprechenden Stationsseiten zu einem grammatischen Komplex in entsprechender Anzahl zu vervielfältigen und den Schülern bereitzulegen. Als Möglichkeit zur Selbstkontrolle können Lösungsseiten erstellt werden.

Des Weiteren besteht die Möglichkeit, den Schülern Wörterbücher oder grammatische Beihefte bzw. Grammatikhefte oder das Lehrbuch als Hilfsmittel zu Verfügung zu stellen.

Abgesehen davon, können einzelne Stationen aus verschiedenen grammatischen Bereichen selbstverständlich kompetenzabhängig kombiniert und für die Stationsarbeit genutzt werden.

Bei einigen Stationen ist Partnerarbeit erforderlich. Hier wäre es sinnvoll, dass diese etwas abseits durchgeführt werden können, damit die anderen bei ihrer Stillarbeit nicht gestört werden.

Fiche de bord

pour ____

Stations obligatoires

Numéro de la station	accomplie	contrôlée
numéro ______		
numéro ______		
numéro ______		
numéro ______		
numéro ______		
numéro ______		
numéro ______		
numéro ______		
numéro ______		

Stations facultatives

Numéro de la station	accomplie	contrôlée
numéro ______		
numéro ______		
numéro ______		
numéro ______		
numéro ______		

La formation et l'emploi des adjectifs

Name: ______________________

Exercice 1

Ajoute les mots qui manquent.

Wie du weißt, beschreiben Adjektive Eigenschaften von Personen, Sachen und Begriffen. Beispiele hierfür sind im Deutschen: ein toller Junge, ein cooles Board oder ein genialer Einfall.

Im Französischen richten sich die Adjektive nach dem ______________________

(= Genus) und der ______________________ (= Numerus) des Nomens, das sie näher

beschreiben.

Exercice 2

Ajoute les formes correctes des adjectifs entre parenthèses.

un pantalon ______________________ (bleu)

une ______________________ maison (petit)

une fille ______________________ (gentil)

un T-shirt ______________________ (noir)

un mont ______________________ (blanc)

des chemises ______________________ (cher)

une ______________________ jupe (joli)

un homme ______________________ (sympa)

une histoire ______________________ (vrai)

des chaussures ______________________ (rouge)

une ______________________ femme (grand)

une ______________________ voiture (vieux)

Exercice 3

Choisis quatre noms et quatre adjectifs et fais des phrases.

1. ______________________
2. ______________________
3. ______________________
4. ______________________

Station 2

Name: ______

Les adverbes en *-ment*

Exercice 1

Quelles sont les formes féminines des adjectifs du tableau? Et quels sont les adverbes qui vont avec? Ajoute-les dans le tableau.

l'adjectif (m.)	l'adjectif (f.)	→	l'adverbe	l'adjectif (m.)	l'adjectif (f.)	→	l'adverbe
lent		→		régulier		→	
actif		→		poli		→	
tranquille		→		sérieux		→	
facile		→		long		→	
difficile		→		absolu		→	
gai		→		rare		→	
énorme		→		vrai		→	
heureux		→		normal		→	
profond		→		fort		→	

Exercice 2

Choisis cinq adverbes et fais des phrases.

1. ______
2. ______
3. ______
4. ______
5. ______

Station 3

Les adjectifs en *-if/ive*, *-eux/-euse*

Name: ____________________

Exercice

Cherche les 16 adjectifs cachés dans l'énigme (vertical, horizontal, diagonal) et écris-les dans le tableau. Ajoute les formes qui manquent.

c	o	u	r	a	g	e	u	s	e	m	s	q	s	é	r	i	e	u	s	e	s	l	p	w	e	d
v	b	u	w	i	r	t	y	ó	f	g	x	l	b	v	d	c	y	p	l	m	w	n	x	i	a	t
t	h	q	m	v	p	a	g	r	e	s	s	i	v	e	s	t	b	x	m	r	j	k	è	s	g	t
c	e	z	y	m	n	f	u	m	q	z	y	l	p	f	w	x	n	v	t	z	i	k	r	d	r	e
y	u	b	x	e	m	c	o	u	r	a	g	e	u	s	e	s	y	h	w	k	o	b	x	w	e	k
e	r	b	m	i	v	x	t	k	t	j	r	k	o	l	y	s	w	s	t	p	u	n	e	y	s	q
d	e	t	b	x	k	é	a	g	w	a	o	e	m	t	a	k	q	y	p	f	h	u	b	z	s	s
k	u	q	b	g	u	j	g	k	h	e	h	a	d	v	c	q	t	z	p	o	d	g	j	r	i	z
q	s	c	b	a	c	t	i	f	s	w	j	e	y	t	t	d	h	j	v	p	r	b	x	y	f	m
g	e	k	k	m	e	z	j	t	p	q	m	c	u	y	i	o	h	d	w	a	s	t	l	r	w	j
y	s	r	g	j	k	b	e	z	o	k	n	t	g	r	v	q	y	u	t	l	a	s	i	l	z	m
t	g	x	h	a	e	r	w	k	r	l	r	e	i	j	e	l	z	e	b	n	l	w	s	f	r	x
á	n	r	q	k	u	t	n	f	t	z	f	j	i	u	x	u	p	j	w	s	i	p	g	q	t	l
h	w	c	n	g	j	w	y	i	i	t	f	u	r	i	e	u	x	r	q	f	l	f	i	r	l	i
a	p	e	n	s	i	f	s	r	f	y	z	j	w	p	a	b	t	v	y	p	e	n	s	i	f	o
z	d	n	b	m	k	d	r	x	s	é	r	i	e	u	x	t	i	t	r	j	k	e	d	u	o	r
é	t	y	g	e	a	h	e	k	q	w	l	h	z	d	f	u	i	f	u	r	i	e	u	s	e	v

masculin singulier	masculin pluriel	féminin singulier	féminin pluriel

Station 4

Le comparatif et le superlatif

Name: ____________________

Exercice

Mets les mots en ordre et écris des phrases en conjugant les verbes.

1. être/Léonie/grande/que/plus/Marina.

____

2. Martine/de toute/être/petite/la plus/la classe.

____

3. que/être/Carine/grande/Léonie/aussi.

____

4. très/Marc/rapide/être:/plus/rapide/Yann/être/Il/que.

____

5. être/le/plus/Mais/les garçons/rapide/de/tous/Marius.

____

6. Jules/rapide/être/que/Marc/aussi.

____

7. plus/à droite/jeunes/être/Les femmes/que/à gauche/les femmes.

____

8. les femmes/la/être/plus/de toutes/vieille/Mme Renard.

____

9. que/Mme Lefort/jeune/être/aussi/Mme Martin.

____

10. être/Berlin/Limburg/petit/plus/que.

____

Station 5

Name: ______________________

Le comparatif

Exercice

Regarde les images et écris des phrases en comparant les personnes l'une à l'autre. Ecris sept phrases. Utilise les adjectifs suivants: *petit, mince, grand* (2x), *long, beau et cool*.

Station 6

Les adjectifs *vieux, bon, mauvais*

Name: ____________________

Exercice

Les adjectifs dans la case sont en désordre. Ecris les dans le tableau.

plus heureux que / plus heureuse que
gut
les meilleurs / les meilleures
le plus mauvais / la plus mauvaise
les pires
heureux / heureuse
le plus vieux / la plus vieille
les plus vieux / les plus vieilles
les plus mauvais(es)
plus vieux que / plus vieille que
plus important(e) que
le pire / la pire
meilleur(e) que
schlecht
mauvais(e)
les plus importants / les plus importantes
glücklich
pire que
plus mauvais(e) que
vieux / vieille
les plus heureux / les plus heureuses
schlimm
le plus heureux / la plus heureuse
alt
wichtig
mauvais(e)
important(e)
bon / bonne
le meilleur / la meilleure
le plus important / la plus importante

la traduction	masculin/féminin (au singulier)	le comparatif	le superlatif (au singulier)	le superlatif (au pluriel)

Name: ______________________

Les quantités *plus de, moins de, autant de*

Exercice 1

Ecris six phrases en utilisant les mots du tableau. Fais attention aux formes correctes!

Notre chien		sa copine	moins d'idées que
Marie		le chien des voisins	autant de livres que
Les garçons	avoir	ses parents	autant d'argent que
Paul		Emma	moins de sucre que
Sarah et Lucas		le prof d'allemand	plus de travail que
Gabriel		Romane et Jade	plus de chance que

____

____

____

____

____

____

____

Exercice 2

Donne encore trois exemples et traduis-les.

____

____

____

Station 8

L'emploi de l'adjectif indéfini *chaque* et du pronom indéfini *chacun(e)*

Name: ____________________

Exercice 1

Ajoute les mots qui manquent.

Das Wort «____________________» bedeutet __________/__________/__________. Es ist ____________________ in Numerus und Genus. Es steht nur anstelle eines ______________ vor ____________________ im Singular.

Das Wort «__________/__________» bedeutet __________/__________/__________. Es steht im Singular anstelle eines __________.

chaque

Exercice 2

chacun

Complète les phrases en bas en utilisant *chaque*, *chacun* ou *chacune*.

1. Marine a beaucoup d'amies. Pour Noël elle écrit une carte à ______________.
2. ______________ fille doit lui répondre.
3. Anna a deux grands-pères. ______________ a une maison.
4. M. et Mme Lefort ont deux filles. Ils achètent un cadeau pour ______________.
5. ______________ élève doit passer un examen.
6. ______________ est bien préparé.
7. ______________ année nous allons écrire cinq interrogations écrites.
8. ______________ jour je vais apprendre cinq mots en français.
9. Trois amies sont allées à Paris. ______________ a son lieu préféré à Paris.
10. ______________ fois que je te vois, je ne peux plus dormir.

chacune

chacque

chacun

chacque chacun chacune

Les noms des pays 1

Name: ______________________

Exercice

Cherche les noms des pays en français et en allemand. N'oublie pas les articles!

~~Vereinigte Arabische Emirate~~ Deutschland Luxemburg Dänemark Spanien Niederlande Österreich Tunesien England Russland Belgien USA Frankreich Vereinigtes Königreich (Großbritannien) Italien Philippinen Kanada Portugal Mexiko Australien	le la les l'	~~Emirats arabes unis~~ Royaume-Uni Angleterre Mexique Luxembourg Allemagne Etats-Unis Pays-Bas Portugal Italie Philippines Espagne Tunisie Belgique Autriche Russie Canada Danemark Australie France

les Emirats arabes unis (m., Vereinigte Arabische Emirate), ______________________

____

____

____

____

____

____

____

Name: ______________________

Les noms des pays 2

Exercice

Ecris les noms des pays de la case dans le tableau en ajoutant l'article correct du pays.

Emirats arabes unis Portugal Australie Canada Royaume-Uni
Etats-Unis Allemagne Philippines Mexique Pays-Bas
Danemark Luxembourg Russie Tunisie Espagne
Autriche Belgique Italie ~~France~~

masculin singulier	féminin singulier	masculin pluriel	féminin pluriel
	la France		

Les pays et leurs prépositions

Name:
____

Exercice 1

Ajoute les prépositions dans le tableau. Relie les drapeaux avec les pays.

Woher?	**feminine Ländernamen**	**maskuline Ländernamen**	**Ländernamen im Plural**	**Ländernamen ohne Artikel**
Thomas vient …	_____ France	_____ Danemark	_____ Etats-Unis	_____ Monaco
Wo? Wohin?	**feminine Ländernamen**	**maskuline Ländernamen**	**Ländernamen im Plural**	**Ländernamen ohne Artikel**
Marie est … Les jeunes vont …	_____ France	_____ Danemark	_____ Etats-Unis	_____ Monaco

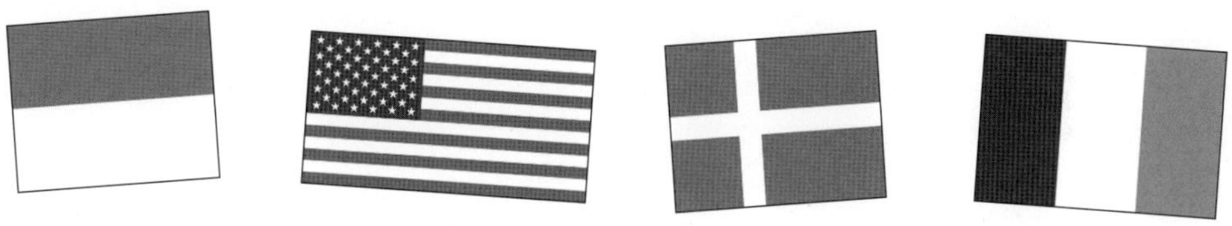

Exercice 2

Ecris une règle: Quelle préposition faut-il?

____

____

____

____

Exercice 3

Donne des exemples en écrivant quatre phrases. Utilise les mots de la case.

venir *habiter* *être* *aller*

____

____

____

____

Station 4

Les nationalités et les adjectifs de nationalité

Name: ____________________

Exercice 1

Trouve les mots/les expressions qui sont cachés dans le serpent et écris-les encore une fois en bas.

l'EuropeunEuropéenuneEuropéenneunvillageeuropéenl'AfriqueunAfricainuneAfricaineunpaysafricainlaFranceunFrançaisuneFrançaiseunevillefrançaiselaBelgiqueunBelgeuneBelgeunhommebelgeleDanemarkunDanoisuneDanoiseunefilledanoiseleCanadaunCanadienuneCanadienneunauteurcanadienleMarocunMarocainuneMarocaineunehistoiremarocainelesÉtats-UnisunAméricainuneAméricaineunevoitureaméricainelesAntillesunAntillaisuneAntillaiseunhôtelantillais

Exercice 2

Ecris quatre phrases en utilisant des mots que tu a trouvés.

Station 1

L'interrogation par inversion

Name: ______________________

Exercice

Pose les questions qui vont avec les réponses. Utilise l'interrogation par inversion.

1. ____

   Oui, nous allons souvent au restaurant à côté.

2. ____

   Non, je ne parle pas français.

3. ____

   Oui, Lucienne part en vacances samedi soir.

4. ____

   Non, il ne parle pas à mes parents.

5. ____

   Oui, mes sœurs prennent le bus pour aller à l'école.

6. ____

   Oui, nous apprenons le français.

7. ____

   Nous trouvons le film super!

8. ____

   Oui, il a vraiment raison.

9. ____

   Oui, elle parle quatre langues.

10. ____

    Non, on n'a encore rien mangé.

Station 2

La proposition conditionelle réelle

Name: ______________________

Exercice 1

Was versteht man unter einem realen Bedingungssatz mit *«si»*?
Versuche, mit eigenen Worten zu erklären:

____

____

____

____

(Folgende Fragestellungen können dir hierbei vielleicht weiterhelfen: Wann benutzt man diese Sätze? Wie sind sie aufgebaut? Was ist das Besondere an diesen Sätzen im Vergleich zu anderen?)

Exercice 2

Complète les phrases en utilisant les expressions données dans la fleur.

1. Si Yann travaille bien à l'école, il ______________________________ .
2. Si tu mets ton pull noir, tu ______________________________ .
3. Si je range ma chambre, je ______________________________ .
4. Si les filles ne mettent pas la table, elles ______________________________ .
5. Si nous partons en vacances, nous ______________________________ .
6. Si vous apportez trois œufs, nous ______________________________ .
7. Si les jeunes crient tout le temps, les profs ______________________________ .
8. Si ses parents sont d'accord, Marina ______________________________ .

Station 3

La proposition conditionnelle irréelle

Name: ______________________

Exercice 1

Was versteht man unter einem irrealen Bedingungssatz mit *«si»*?
Versuche, in eignen Worten zu erklären:

____

____

____

____

(Folgende Fragestellungen können dir hierbei vielleicht weiterhelfen: Wann benutzt man diese Sätze? Wie sind sie aufgebaut? Was ist das Besondere an diesen Sätzen im Vergleich zu anderen?)

Exercice 2

Was ist der Unterschied zum realen Bedingungssatz?

____

____

____

____

____

Exercice 3

Complete les phrases en utilisant les expressions données dans la fleur.

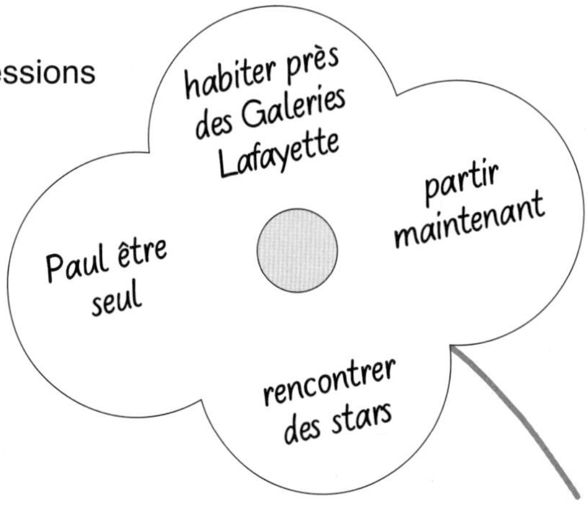

1. Si je vivais à Paris, j' ____.
2. Si mes parents étaient prêts, nous ____.
3. Si elle vivait à Hollywood, elle ____.
4. S'ils partaient en vacances ____.

Les phrases

La mise en relief avec *c'est qui/c'est que*

Name: ______________________

Exercice

Fais des phrases avec *«c'est … qui/ce sont … qui»*, *«c'est … que/ce sont … que»* ou bien avec *«c'est … où/ce sont … où»*.

1. **L'école** m'énerve.

____

2. **Ma sœur** a cassé l'assiette de mémé.

____

3. J'ai invité **mes amis**.

____

4. Vous avez invité **Pauline**?

____

5. **Notre-Dame de Paris** se trouve sur une île.

____

6. Notre-Dame de Paris se trouve **sur une île**.

____

7. Mon père préfère **les macarons**.

____

8. **La cigogne** est l'animal typique de l'Alsace.

____

9. **Le français et l'espagnol** m'intéressent beaucoup.

____

10. J'aime bien **les chiens**.

____

11. **Gustave Eiffel** est le contructeur de cette tour.

____

Station 5

Les phrases relatives avec *ce qui/ce que*

Name: ____________________

Exercice 1

Ajoute le pronom relatif qui manque.

1. Les parents ne savent pas ________________ l'intéresse.
2. Les élèves font ________________ leur plaît.
3. Dites-lui ________________ vous désirez.
4. Arrête ________________ tu es en train de faire!
5. Nous ne comprenons pas ________________ le prof nous explique.
6. Il faut aimer ________________ on a.
7. Le marchand n'a pas ________________ le cuisinier désire.
8. Elle m'a dit ________________ est juste.
9. Mon frère ne sait pas ________________ j'ai acheté pour son anniverssaire.
10. Tu ne sais pas ________________ j'ai lu hier.
11. Nous ne savons pas ________________ s'est passé.

Exercice 2

Donne encore cinq autres exemples.

1. ____
2. ____
3. ____
4. ____
5. ____

Station 1

Le gérondif

Name: ______________________

Exercice

Fais des phrases ou des questions en utilisant les mots donnés. Utilise le gérondif pour les verbes imprimés en caractères gras!

1. nous/aller/au restaurant/**prendre**/la voiture?

____

2. les filles/ne pas/parler/**écouter**/de la musique chinoise

____

3. **prendre**/une douche/Antoine/chanter

____

4. Sara/voir/beaucoup de vieux bâtiments/**passer**/ses vacances/à Dijon?

____

5. **attendre**/le bus/elle/écouter/sa musique préférée

____

6. Pierre/arriver/à l'école/**manger**/un sandwich

____

7. les jeunes/gagner/de l'argent/**vendre**/des gâteaux

____

8. **inviter**/des amis/Louise/préparer/sa fête

____

Station 2

Le présent duratif

Name: ____________________

Exercice

Que font les personnes? Ecris des phrases en utilisant le présent duratif.

~~Jérôme~~ · Nous · Zoé · Yanis et ses amis · Mme Lefort · Les élèves	prendre une douche · écrire une lettre · faire un gâteau · ~~faire ses devoirs~~ · téléphoner · prendre le petit-déjeuner
Louis · Camille et Jade, vous · M. Chevalier · Mathéo · M. et Mme Beauchamp · Je	faire les courses · regarder un film · aller au cinéma · jouer au ping-pong · chatter avec ses copines · travailler

1. *Ex.: Jérôme est en train de faire ses devoirs.*
2. ____________________
3. ____________________
4. ____________________
5. ____________________
6. ____________________
7. ____________________
8. ____________________
9. ____________________
10. ____________________
11. ____________________
12. ____________________

Les temps et les modes

Station 3

Le passé récent (le passé proche)

Name: ____________________

Exercice 1

Regarde les images: Qu'est-ce que les personnes viennent de faire?
Décris-le en utilisant le passé recent.

1.

2.

3.

4.

5.

6.

7.

1. ______________________________
2. ______________________________
3. ______________________________
4. ______________________________
5. ______________________________
6. ______________________________
7. ______________________________

Exercice 2

Ecris encore cinq autres phrases de la même façon.

1. ______________________________
2. ______________________________
3. ______________________________
4. ______________________________
5. ______________________________

Station 4

Name: ______________________

Le plus-que-parfait

Exercice 1

Ajoute les mots qui manquent.

Das *plus-que-parfait* verwendet man, um ______________________________.

Es wird gebildet aus der konjugierten ______________-Form des Hilfsverbs ______________

oder des Hilfsverbs ______________ und dem ______________________.

Dieses kennen wir bereits aus einer anderen Zeitform, dem ____________________.

Exercice 2

Traduis les phrases suivantes en allemand.

1. Le week-end dernier, j'ai vu un animal que je n'avais jamais vu avant.

   ____

2. Nous étions très contents quand le test était fini!

   ____

3. Quand les enfants étaient rentrés de l'école, ils mangèrent.

   ____

4. Si tu avais voulu, tu aurais pu venir.

   ____

Exercice 3

Ecris encore trois phrases en utilisant le plus-que-parfait.

1. ____
2. ____
3. ____

L'imparfait

Name: ____________________

Exercice 1

Réponds aux questions suivantes.

1. Wie lautet die Regel für die Bildung des *imparfait*? Zeige dies am Beispiel des Verbs *sortir*.

____

____

____

2. Es gibt verschiedene Verwendungsregeln für das *imparfait*. Nenne mindestens drei.

____

____

____

3. Conjugue le verbe «être» à l'imparfait.

____

Exercice 2

Coche la forme correcte du verbe.

1. Nous	☐ allons	☐ allions	☐ allé souvent au restaurant à côté.
2. Je ne	☐ comprend	☐ comprenions	☐ comprenais rien du tout.
3. Lucienne	☐ est partie	☐ partait	☐ partais tous les samedis soir.
4. Mon petit frère	☐ criaient	☐ criiez	☐ criait pour rien.
5. Mes grand-parents ne	☐ parlait	☐ parlaient	☐ parliez jamais à leurs voisins.
6. L'an dernier tu	☐ prenais	☐ prenait	☐ prends le bus pour aller à l'école.
7. Ma copine et moi, nous	☐ font	☐ faisions	☐ faisiez beaucoup ensemble.
8. Vous	☐ étiez	☐ étaient	☐ avez été toujours triste.

Le passé composé et l'imparfait

Name: ______________________

Exercice 1

Cherche les mots-clés qui indiquent l'imparfait ou bien le passé composé (vertical, horizontal). Puis, écris-les en bas.

u	t	o	u	j	o	u	r	s	t	h	c	h	a	q	u	e	m	a	t	i	n	y	z
n	f	q	z	y	c	e	s	o	i	r	m	p	c	e	t	t	e	f	o	i	s	a	q
m	y	h	p	s	b	k	a	i	t	o	u	s	l	e	s	s	o	i	r	s	t	v	w
a	c	h	a	q	u	e	N	o	ë	l	t	j	c	e	s	o	i	r	m	v	p	m	p
t	b	v	z	q	w	à	g	x	m	h	j	t	u	k	d	w	x	m	t	z	p	f	a
i	o	u	s	l	e	s	d	i	m	a	n	c	h	e	s	z	p	e	u	c	u	n	r
n	h	j	l	a	q	x	t	k	z	r	i	r	b	e	x	j	r	q	k	b	i	l	f
w	c	h	a	q	u	e	a	p	r	è	s	-	m	i	d	i	t	w	q	s	s	o	o
g	r	q	n	b	t	s	j	e	r	i	q	y	u	t	m	e	n	f	i	n	x	g	i
d'	a	b	o	r	d	l	t	o	u	t	à	c	o	u	p	m	d	e	m	x	s	q	s
q	f	s	r	e	n	s	u	i	t	e	h	r	v	x	j	h	k	p	t	é	t	g	k
s	d	r	g	z	w	m	u	v	j	g	z	p	e	n	d	a	n	t	q	u	e	z	f

les mots-clés du passé composé	les mots-clés de l'imparfait

Exercice 2

Ecris une petite histoire au passé en utilisant l'imparfait **et** le passé composé (huit phrases au minimum!).

____

____

____

____

Station 7

Le futur simple

Name: ______________________

Exercice 1

Ajoute les mots qui manquent.

Das *futur simple* wird gebildet, indem man an die ________________-Form des Verbs die Futurendungen -______, -______, -______, -______, -______ und -______ anhängt. Bei Verben auf *-re* wird das letzte *e* entfernt. Verben auf *-oir* sowie einige weitere sind unregelmäßig.

Es wird im Gegensatz zum *futur composé* sowohl in der gesprochenen als auch in der ______________________ Sprache verwendet. Es bezeichnet außerdem eher Handlungen, die in ____________ Zukunft stattfinden, d. h. die Zukunft, die von der Gegenwart losgelöst ist.

Exercice 2

Ajoute les formes correctes des verbes entre parenthèses. Utilise le futur simple.

1. Demain, je ________________________ (chercher) mon livre.
2. Il ________________________ (aimer) le football.
3. Nous ________________________ (préparer) une grande fête.
4. Marie ________________________ (chanter) une chanson.
5. Elles ________________________ (chercher) le marché aux puces.
6. Nous ________________________ (détester) les devoirs.
7. Nicolas et toi, vous ________________________ (parler) du film?
8. Je ________________________ (manger) un sandwich.
9. On ________________________ (regarder) la télé.
10. Tu ________________________ (chercher) une école pour ton fils?
11. Vous ________________________ (aimer) Paris?
12. Ils ________________________ (trouver) une maison à Strasbourg.

Exercice 3

Ajoute les formes correctes des verbes au futur simple.

devoir →	je ______________	avoir →	vous ______________
voir →	tu ______________	faire →	ils ______________
pouvoir →	il ______________	aller →	je ______________
vouloir →	elle ______________	il faut →	il ______________
savoir →	nous ______________	être →	tu ______________

Les temps et les modes

Station 8

Name: ______________________

Le passé simple

Exercice 1

Ajoute les mots qui manquent.

Das *passé simple* der Verben auf *-er* wird gebildet, indem man an den Infinitivstamm des Verbs die *passé-simple*-Endungen -______, -______, -______, -______, -______ und -______ anhängt. Für die Verben auf *-ir* und *-re* nimmt man die Endungen -______, -______, -______, -______, -______ und -______. Verben auf *-oir* sowie einige weitere sind unregelmäßig.

Das *passé simple* kommt fast ausschließlich in der ______________ Sprache vor und ist uns daher hauptsächlich über die ______________ von ______________ bekannt. Es drückt ______________ Handlungen in der Vergangenheit aus, die einmalig und punktuell sind.

Exercice 2

Ajoute les formes correctes des verbes entre parenthèses. Utilise le passé simple.

1. Hier, je ______________ (chercher) mon chien.
2. Elle ______________ (aimer) la natation.
3. Nous ______________ (préparer) un gâteau.
4. Emeline ______________ (prendre) une photo de la moto.
5. Elles ______________ (aller) au supermarché.
6. Nous ______________ (détester) ce travail.
7. Thomas et toi, vous ______________ (parler) du livre.
8. Je ______________ (manger) une salade.
9. On ______________ (regarder) un film.
10. Tu ______________ (chercher) quelque chose?
11. Ils ______________ (trouver) une vieille Mercedes.

Exercice 3

Ajoute les formes correctes des verbes au passé simple.

boire →	il ______	avoir →	il ______
voir →	il ______	faire →	il ______
pouvoir →	il ______	lire →	il ______
vouloir →	il ______	vivre →	il ______
savoir →	il ______	être →	il ______

Les temps et les modes

Station 9

Name: ______________________

Le conditionnel présent

Exercice 1

Cherche les verbes cachés dans l'énigme (vertical, horizontal, diagonal) et écris-les dans le tableau. Ajoute les formes qui manquent.

a	i	m	e	r	a	i	s	x	y	r	z	o
q	f	s	k	t	v	z	s	e	r	i	e	z
l	d	i	t	h	k	j	é	t	j	x	u	j
i	e	j	d	o	r	m	i	r	i	o	n	s
r	v	p	r	é	f	é	r	e	r	a	i	t
a	r	r	y	x	u	r	q	t	m	t	h	l
i	a	j	d	w	i	m	h	q	c	l	f	t
e	i	h	t	o	f	e	r	a	i	t	j	l
n	s	e	l	z	m	c	a	o	q	y	z	i
t	k	u	o	u	l	o	n	r	r	j	m	n
r	o	g	j	e	m	i	r	a	i	e	n	t
v	e	r	r	i	o	n	s	q	d	t	j	n

Exercice 2

Conjuge les verbes que tu as trouvé dans l'énigme au conditionnel présent.

l'infinitif ______________________
je ______________________
tu ______________________
il/elle/on ______________________
nous ______________________
vous ______________________
ils/elles ______________________

l'infinitif ______________________
je ______________________
tu ______________________
il/elle/on ______________________
nous ______________________
vous ______________________
ils/elles ______________________

(Continue à la page suivante.)

Station 9

Le conditionnel présent

Name: ______________________

Conjuge les verbes que tu as trouvé dans l'énigme au conditionnel présent.

l'infinitif ______________________
je ______________________
tu ______________________
il/elle/on ______________________
nous ______________________
vous ______________________
ils/elles ______________________

l'infinitif ______________________
je ______________________
tu ______________________
il/elle/on ______________________
nous ______________________
vous ______________________
ils/elles ______________________

l'infinitif ______________________
je ______________________
tu ______________________
il/elle/on ______________________
nous ______________________
vous ______________________
ils/elles ______________________

l'infinitif ______________________
je ______________________
tu ______________________
il/elle/on ______________________
nous ______________________
vous ______________________
ils/elles ______________________

l'infinitif ______________________
je ______________________
tu ______________________
il/elle/on ______________________
nous ______________________
vous ______________________
ils/elles ______________________

l'infinitif ______________________
je ______________________
tu ______________________
il/elle/on ______________________
nous ______________________
vous ______________________
ils/elles ______________________

l'infinitif ______________________
je ______________________
tu ______________________
il/elle/on ______________________
nous ______________________
vous ______________________
ils/elles ______________________

l'infinitif ______________________
je ______________________
tu ______________________
il/elle/on ______________________
nous ______________________
vous ______________________
ils/elles ______________________

Station 10

Name: ______________________

Le conditionnel passé

Exercice

Continue la phrase en bas et écris ce que tu aurais fait.
Tu peux utiliser ces idées:

Si j'avais gagné trois millons d'euros au lotto, j'aurais …

Les temps et les modes

Station 11

Name: ______________

Le subjonctif présent

Exercice 1

Ajoute les mots qui manquent.

Der *subjonctif présent* steht hauptsächlich nach Verben oder Ausdrücken, die ______________,

______________ oder ______________ ausdrücken.

Folgende vier Verben/Ausdrücke lösen automatisch den *subjonctif présent* aus:

– ______________ – ______________

– ______________ – ______________

Exercice 2

Complète le tableau avec les formes correctes du subjonctif présent.

arriver	qu'il	que nous	qu'elles
faire	que tu	que vous	que je
pouvoir	que je	qu'elle	que nous
avoir	que nous	qu'ils	qu'il
être	que je	que vous	qu'ils
choisir	que tu	qu'il	que je
aller	que nous	que je	que tu

Exercice 3

Fais six phrases avec six des conjonctions de la case. Attention: ils nécessitent le subjonctif!

pour que *afin que* *bien que* *quoique* *sans que* *jusqu'à ce que*
avant que *à condition que* *pourvu que* *de peur que*

1. ______________
2. ______________
3. ______________
4. ______________
5. ______________
6. ______________

Les temps et les modes

Station 12

Name: ____________________

L'indicatif et le subjonctif

Exercice 1

Quelles sont les expressions qui nécessitent le subjonctif? Et lesquelles trouves-tu avant un indicatif? Ecris un «S» pour le subjonctif et un «I» pour l'indicatif.

☐ c'est vrai que	☐ nous ne croyons pas que
☐ il n'est pas certain que	☐ j'ai l'impression que
☐ elle est sûre que	☐ vous n'êtes pas convaincus que
☐ ce n'est pas sûr que	☐ ils n'ont pas l'impression que
☐ ce n'est pas probable que	☐ ils sont persuadés que
☐ nous nous imaginons que	☐ elle n'éstime pas que
☐ je ne prétends pas que	☐ tu crois que
☐ vous pensez que	☐ ce n'est pas certain que
☐ c'est possible que	☐ c'est faux que
☐ il éstime que	☐ je trouve que
☐ c'est sûr que	☐ il est impossible que
☐ elles sont certaines que	☐ je ne m'imagine pas que

Exercice 2

Choisis cinq de ces expressions et fais cinq phrases correctes.

1. ____________________
2. ____________________
3. ____________________
4. ____________________
5. ____________________

Station 1

Les verbes en *-ir*

Name: ______________________

Exercice 1

Comment est-ce qu'on conjugue un verbe régulier en *-ir* (mit Stammerweiterung)?
Par exemple: fin**ir**

je fin ___ nous fin ___

tu fin ___ vous fin ___

il/elle/on fin ___ ils/elles fin ___

Was ist der Unterschied zwischen einem Verb auf *-ir* mit Stammerweiterung und einem Verb auf *-ir* ohne Stammerweiterung?

____

____

Exercice 2

Complète le tableau avec les conjugaisons qui manquent.

	choisir	**réagir**	**réfléchir**
je			
tu			
il/elle/on			
nous			
vous			
ils/elles			

Exercice 3

Mets les mots en ordre et écris les phrases en conjugant les verbes au présent.

1. ____
(Marc/cette année/en vacances/ne pas partir)

2. ____
(Les enfants/neuf heures/dormir/jusqu'à/toujours)

3. ____
(Mon frère et moi, nous/la glace à la fraise/finir)

4. ____
(Aujourd'hui/me sentir/je/malade)

Station 2

Name: ______

Le verbe *recevoir*

Exercice 1

Comment est-ce qu'on conjugue le verbe *recevoir*?

le présent:

je ______ nous ______

tu ______ vous ______

il/elle/on ______ ils/elles ______

l'impératif: ______

l'imparfait: je ______

le passé simple: je ______

le futur simple: je ______

le passé composé: j' ______

le plus-que-parfait: j' ______

Exercice 2

Ecris cinq phrases en utilisant *recevoir* et les mots suivants.

je	nous	mes parents	tu	Mme Lefort
une lettre	une médaille	les gens	un e-mail	de grands cadeaux

1. ______
2. ______
3. ______
4. ______
5. ______

Station 3

Les verbes *savoir* et *pouvoir*

Name: ______________________

Exercice 1

Conjugue les verbes *savoir* et *pouvoir*.

le présent: **savoir**	**le présent:** **pouvoir**
je ______________	je ______________
tu ______________	tu ______________
il/elle/on ______________	il/elle/on ______________
nous ______________	nous ______________
vous ______________	vous ______________
ils/elles ______________	ils/elles ______________
le passé composé: j'ai ______________	**le passé composé**: j'ai ______________
l'imparfait: je ______________	**l'imparfait:** je ______________

Exercice 2

Quelle est la différence entre ces verbes? (jew. 3 Aspekte)

«**savoir faire qc**» bedeutet: ____

____

«**pouvoir faire qc**» bedeutet: ____

____

Exercice 3

Quel est le mot juste? Barre l'autre mot.

«Je veux aller à la piscine. Je sais/peux nager. Mais aujourd'hui, ma grand-mère va venir. Comme cela je ne sais/peux pas aller à la piscine. Ma mère sait/peut aller chercher ma grand-mère en voiture à la gare. Elle sait/peut conduire. Peut-être Mathieu sait/peut venir me voir à la maison. Il sait/peut bien jouer à la Wii.»

Station 4

Name: ____________________

Quelques verbes spéciaux

Exercice 1

Traduis les phrases en bas, écris-les aux cases des mots-croisés et trouve le mot au milieu. Pour marquer la place entre les mots, laisse toujours une case en blanc.

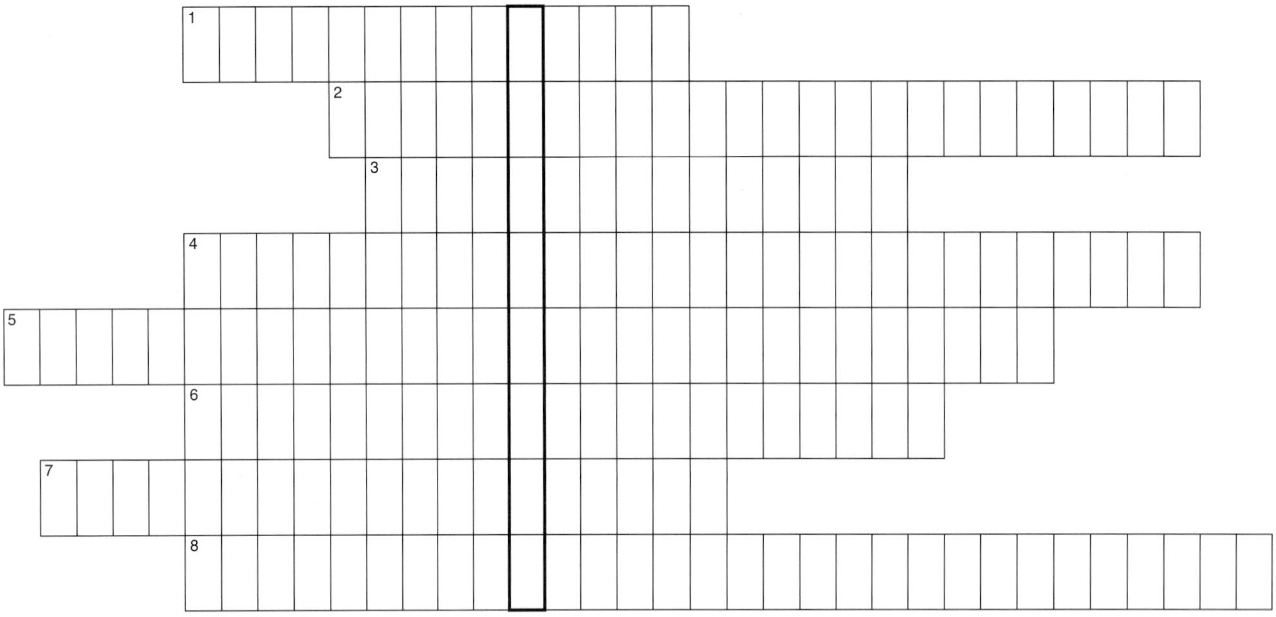

Solution: M. Renard est _ _ _ _ _ _ _ _.

1. Er lebt in Paris.
2. Ihr habt den Hund geschlagen!
3. Ich glaube an dich!
4. Sie folgen mir die ganze Zeit.
5. Herr Eiffel hat einen Turm gebaut.
6. Er beschwert sich immer.
7. Wir trinken Wasser.
8. Sie hat dir ein kleines Paket geschickt.

Exercice 2

Fais toi-même une autre énigme pour la classe/ton voisin en utilisant les verbes *vivre, croire, boire, suivre, battre, construire, envoyer, se plaindre.*

Les verbes

Station 5

Les verbes pronominaux au présent

Name: ______

Exercice 1

Wie nennt man die reflexiven Verben im Französischen?
Und warum nennt man sie so?

______

______

Es gibt hier einen gravierenden Unterschied zwischen dem Deutschen und dem Französischen: Worauf muss man achten?

______

______

Exercice 2

Choisis deux verbes pronominaux et conjuge-les au présent.

infinitif		

Exercice 3

Donne des exemples. Ecris cinq phrases en utilisant des verbes pronominaux.

1. ______
2. ______
3. ______
4. ______
5. ______

Les verbes pronominaux au passé composé

Name: ____________________

Exercice 1

Trouve les verbes pronominaux qui sont cachés dans le serpent et écris-les sur les lignes.

setromperseréveillers'habillerselaverseleversesouvenirsepromenersebaigners'amuserseblessersereposer

____

____

____

Exercice 2

Fais une phrase de chaque verbe que tu as trouvé. Attention: Utilise le passé composé!

1. ____________________________________
2. ____________________________________
3. ____________________________________
4. ____________________________________
5. ____________________________________
6. ____________________________________
7. ____________________________________
8. ____________________________________
9. ____________________________________
10. ____________________________________
11. ____________________________________

Station 7

Les verbes avec un complément à l'infinitif

Name: ______________________

Exercice

Cherche les verbes cachés dans l'énigme (vertical, horizontal, diagonal) et écris-les dans le tableau en bas.

y	a	d	o	r	e	r	t	g	v	b	m	z	q	p
h	p	z	w	e	f	j	a	x	b	i	l	u	z	r
m	z	o	m	r	ê	v	e	r	z	l	q	y	o	é
t	n	j	u	t	d	s	t	b	c	f	e	x	w	f
a	z	g	a	v	j	w	m	y	x	a	t	b	i	é
l	e	y	p	w	o	h	j	w	m	u	v	a	n	r
l	e	h	k	r	u	i	c	y	a	t	w	p	z	e
e	z	s	a	v	o	i	r	k	e	y	s	p	h	r
r	t	d	a	j	n	m	f	r	s	w	k	r	h	k
y	r	z	j	e	g	o	d	é	s	i	r	e	r	é
à	g	i	w	h	b	y	j	j	a	t	v	n	h	o
c	o	m	m	e	n	c	e	r	y	s	r	d	j	u
g	j	x	w	j	h	b	q	r	e	j	k	r	g	b
t	a	i	d	e	r	b	é	n	r	g	m	e	w	l
y	r	z	q	p	b	e	w	j	l	h	g	s	o	i
a	v	o	i	r	e	n	v	i	e	d	t	x	v	e
b	f	r	a	j	p	z	e	n	m	i	e	w	m	r

verbe + l'infinitif	verbe + à + l'infinitif	verbe + de + l'infinitif

Les verbes

Name: ______

Les négations *ne … aucun, ne … personne, ne … rien, ne … que, ne … ni … ni*

Exercice 1

Traduis les négations suivantes.

ne … aucun(e): ______

personne … n: ______

ne … rien: ______

ne … que: ______

ne … ni … ni: ______

Exercice 2

Fais des phrases correctes. Utilise la négation entre parenthèses en la traduisant en français!

1. il/me/écrire/une fois par jour (nur)

______

2. elles/voir (p.c.)/au supermarché (niemand)

______

3. je/prendre/de ces jeans (keine)

______

4. vous/ s'intéresser à (nichts)

______

5. nous/vouloir/boire/un café (nur)

______

6. elle/boire/du café/du thé (weder noch)

______

Station 1

La place du pronom à l'impératif

Name: ______________________

Exercice 1

Ajoute les mots qui manquent.

Das Objektpronomen steht beim Imperativ immer ______________ dem Verb.

Es wird mit einem ____________________ angeschlossen.

______________ und ______________ sind die Formen, die für *me* und *te* genutzt werden.

Anders ist dies beim verneinten Imperativ: Hier steht das Pronomen __________ dem Verb

und wird nicht mit ____________________ angeschlossen.

Die Verneinung ____________________ den Imperativ und das ____________________.

Exercice 2

Fais des phrases correctes en utilisant l'impératif des verbes de la case et un pronom.

regarder	aller	penser	donner	montrer	préparer
écrire	traduire	achter	raconter	téléphoner	

par exemple: Faites-le tout de suite!

1. ____

2. ____

3. ____

4. ____

5. ____

6. ____

7. ____

8. ____

9. ____

10. ____

11. ____

Station 2

L'ordre des pronoms compléments d'objet

Name: ______________________

Exercice 1

Fais des phrases à l'impératif avec deux pronoms compléments d'objet (direct et indirect).

1. P. Pl.	montrer	lui	le
2. P. Sg.	donner	moi	les
2. P. Pl.	raconter	leur	la
1. P. Pl.	traduire	nous	les
2. P. Sg.	parler	lui	le

par exemple: Apportez-les-lui.

1. ______________________
2. ______________________
3. ______________________
4. ______________________
5. ______________________

Exercice 2

Comment est-ce qu'on fait des phrases à l'indicatif (!) avec deux pronoms compléments d'objet? Mets les petites cases en ordre.

le **la** **les**	vor	**lui** **leur**	aber	**le** **la** **les**	vor	**me** **te** **se** **vous** **nous**
A		B		C		D

Les pronoms

Station 3

Les déterminants possessifs et les pronoms possessifs

Name: ______________________

Exercice 1

Ajoute les mots qui manquent.

Im Gegensatz zum Deutschen wird im Französischen zwischen den Possessivpronomen und den Possessivbegleitern unterschieden.

Die Possessivbegleiter lauten: ____

____________________.

Sie stehen immer ________ einem Nomen. Sie „begleiten“ ein Nomen.

In ____________________ (Genus) und ____________________ (Numerus) richten sie sich nach diesem Nomen.

Die Possessivpronomen lauten: ____

____.

Sie stehen ____________ Nomen, denn sie ersetzen dieses. Auch sie werden in ____________ und ______________ dem Nomen angeglichen, das sie eretzen.

Exercice 2

Ajoute les déterminants possessifs et les pronoms possessifs qui manquent.

1. C'est ______ voiture? Oui, c'est ______________.
2. Ce sont les cahiers de M. Berg, ______ prof d'allemand? Oui, ce sont ______________.
3. J'ai perdu ______ stylo. Est-ce que tu peux me prêter ______________?
4. C'est ma chemise ou ______________?
5. Vos gâteaux sont plus grands que ______________.
6. On a reçu les resultats de l'interrogation. Ta note est meilleure que ______________.
7. C'est la tarte pour Amélie et Pauline? Oui, c'est ______________.
8. Mme Marais souhaite la bienvenue à ______ nouvelle voisine et elle lui explique: «Mon appartement se trouve juste à cote (de) ______________.»
9. Là-bas, ce sont les voitures des profs? Oui, ce sont ______________.
10. C'est le chat de Mme Lefort? Oui, c'est ______________.
11. Où sont ______ livres? Nous ne voyons que ______________.
12. M. Dupont à M. Chevallier: «______ voiture est plus belle que ______________.»

Station 4

Name:

Le pronom *en* et son emploi

Exercice 1

Au petit magasin du coin: Le dialogue est en désordre. Corrige-le, écris le dans ton cahier (ou sur une feuille) et marque chaque pronom *en*.

- Vous avez du fromage?
- Oui, merci. En plus, il me faut de l'eau.
- Oui, j'en ai. Vous en voulez combien?
- Au revoir et merci, monsieur.
- Oui, merci. Ça fait combien?
- 200 grammes, s'il vous plaît.
- Et avec ça?
- Vous avez aussi de la glace?
- Bonjour, monsieur.
- Oui, j'en ai aussi.
- Pourriez-vous me donner une boîte de glace à la vanille, s'il vous plaît?
- Vous désirez?
- Je vous en donne 13. Merci et au revoir.
- Voilà la glace, monsieur. Je vous en donne 500 grammes. D'accord?
- Vous en voulez combien?
- Bonjour, madame.
- Je voudrais trois bouteilles, madame.
- 12 euros, s'il vous plaît.
- Voilà, monsieur. C'est tout?

Exercice 2

Abgesehen von dem *en* bei Mengenangaben, gibt es auch das örtliche *en*.
Fais cinq phrases avec *en* pour remplacer des lieus.

par exemple: Quand rentre-t-il de l'école? Il en rentre vers 5 heures.

1. ______________________________

2. ______________________________

3. ______________________________

4. ______________________________

5. ______________________________

Station 5

Le pronom *y* et son emploi

Name: ____________________

Exercice 1

1. Nenne drei Präpositionen, mit denen Ortsangaben eingeleitet werden, die durch *y* ersetzt werden können: ______________, ______________, ______________.

2. Wo steht das Pronomen *y* in Bezug auf das konjugierte Verb?

   Es steht direkt ______________ dem Verb.

3. Was umschließt die Verneinung?

   ☐ nur das konjugierte Verb

   ☐ nur das *y*

   ☐ das konjugierte Verb und das *y*

4. Welche Bedeutung hat das *y*? Wie könntest du es ins Deutsche übersetzen?

   Es könnte mit ______________ oder ______________ übersetzt werden.

Exercice 2

Fais cinq phrases en utilisant le pronom *y*.

par exemple: Vous voulez aller au marché aux puces? Vous voulez que j'y vais avec vous?

1. ____
2. ____
3. ____
4. ____
5. ____

Station 6

Le pronom démonstratif *celui/celle*

Name: ______________________

Exercice 1

Quelles autres formes de *celui* connaîs-tu?

______________ ______________ ______________

Comment peut-on les classifier et les traduire?

Merke: Auf *celui, celle, ceux, celles* muss ein Anschluss mit Präposition, Relativpronomen oder Partizip folgen. Soll es alleine stehen, muss man jeweils *-ci* oder *-là* anhängen, z. B.: *celui-ci, celui-là* (dieser hier, dieser da).

Exercice 2

Ajoute la forme correcte du pronom *celui* qui manque.

1. Quelle robe est-ce que tu vas porter ce soir? Je vais porter ______________ à fleurs.
2. J'ai deux livres: l'un de Victor Hugo et l'autre d'Antoine de Saint-Exupéry.

   Je vais lire ______________ de Victor Hugo d'abord.
3. Quelle maison est-ce que tu préfères? ______________ ou ______________?
4. Peux-tu me donner les CD? ______________ dont je t'ai parlé hier.
5. Pour aller dehors il te faut encore un anorak. Tu veux ______________ ou ______________?
6. Ma mère m'a acheté des pulls. Moi, j'aime bien ______________ à capuche.
7. Demain, c'est l'anniversaire de Yann. Quel gâteau est-ce que nous allons faire pour lui? Je

   propose ______________ avec les petits clowns.
8. Voilà des chaussures! Que penses-tu de ______________ fabriquées en France?
9. Il me faut encore du sucre. Tiens, prends ______________.
10. Les enfants de Mme Lefort, ce sont ______________ qu'on an vu hier.

Station 7

Le pronom interrogatif *lequel/laquelle*

Name: ____________________

Exercice 1

Travaillez à deux. Traduisez les petites phrases en français.

Partenaire 1	Partenaire 2
A: Comment tu trouves 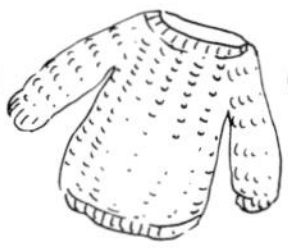 (rouge)?	A: Comment tu trouves **le pull rouge**?
B: **Lequel?**	B: ____________________ (Welchen)?
A: ____________________. (Den roten Pulli dort.)	A: **Le pull rouge, là-bas**.
B: **Comment tu trouves les croissants?**	B: ____? (Wie findest du die  ?)
A: ____________________ (Welche)?	A: **Lesquels?**
B: **Les croissants de la boulangerie.**	B: ____. (Die Croissants der Bäckerei.)
A: ____? (Wie findest du das  ?)	A: **Comment tu trouves le vélo?**
B: **Lequel?**	B: ____________________ (Welches)?
A: ____________________ (Das grüne Fahrrad.)	A: **Le vélo vert**.
B: **Comment tu trouves la maison?**	B: ____? (Wie findet du das  ?)
A: ____________________ (Welches)?	A: **Laquelle?**
B: **La maison avec les fleurs**.	B: ____________. (Das Haus mit den Blumen.)
A: ____? (Wie findest du die  ?)	A: **Comment tu trouves les chaussures?**
B: **Lesquelles?**	B: ____________________ (Welche)?
A: ____. (Die rosa Schuhe.)	A: **Les chaussures roses.**
B: **Comment tu trouves le livre?**	B: ____? (Wie findest du das  ?)
A: ____________________ (Welches)?	A: **Lequel?**
B: **Le livre de Molière.**	B: ________________. (Das Buch von Molière.)

Station 8

Name: ____________

Les pronoms relatifs *qui, que, où*

Exercice 1

Fais une seule phrase des deux phrases données en utilisant un pronom relatif.

1. J'ai un copain. Il joue du piano.

____

2. Ils regardent un film. Tu aimes beaucoup ce film.

____

3. Voilà la ville. Vous habitez dans cette ville.

____

4. Vous connaissez les gens. Marie a invité ces gens.

____

5. Vous connaissez les gens? Les gens dansent devant le Centre Pompidou.

____

6. Ils veulent aller au restaurant. Le restaurant est juste à côté d'ici.

____

Exercice 2

Fais aussi des phrases avec un pronom relatif et transforme-les après en deux phrases comme à l'exercice 1.

1. ______________________________

____

2. ______________________________

____

3. ______________________________

____

Station 9

Le pronom relatif *dont*

Name: ____________________

Exercice 1

Fais une seule phrase des deux phrases données en utilisant le pronom relatif *dont*.

1. J'ai un copain. La mère de mon copain est médecin.

   ____

2. Est-ce que tu aimes beaucoup le film? Je t'avais parlé du film.

   ____

3. Cette année, Marine va au carnaval de Cologne. Elle a beaucoup entendu parler du carneval de Cologne.

   ____

4. Vous connaissez les gens? Je regarde les photos des gens.

   ____

5. Elle connaît une femme. La fille de cette femme danse devant le Centre Pompidou.

   ____

6. Ils veulent aller à la boulangerie. Le chef de la boulangerie s'appelle M. Petit.

   ____

Exercice 2

Fais aussi des phrases avec le pronom relatif *dont* et transforme-les après en deux phrases comme à l'exercice 1.

1. ____

   ____

2. ____

   ____

3. ____

   ____

   ____

   ____

Station 1: La formation et l'emploi des adjectifs

Page 7

Exercice 1: Geschlecht (= Genus) Anzahl (= Numerus)
Exercice 2: un pantalon bleu, une jolie jupe, une petite maison, un homme sympa, une fille gentille, une histoire vraie, un T-shirt noir, des chaussures rouges, un mont blanc, une grande femme, des chemises chères, une vieille voiture

Station 2: Les adverbes en *-ment*

Page 8

Exercice 1: lente → lentement; régulière → régulièrement; active → activement; polie → poliment; tranquille → tranquillement; sérieuse → sérieusement; facile → facilement; longue → longuement; difficile → difficilement; absolue → absolument; gaie → gaiement; rare → rarement; énorme → énormément; vraie → vraiment; heureuse → heureusement; normale → normalement; profond → profondément; forte → fortement

Station 3: Les adjectifs en *-if/-ive, -eux/-euse*

Page 9

c	o	u	r	a	g	e	u	s	e	m	s	q	s	é	r	i	e	u	s	e	s	l	p	w	e	d
v	b	u	w	i	r	t	y	ó	f	g	x	l	b	v	d	c	y	p	l	m	w	n	x	i	a	t
t	h	q	m	v	p	a	g	r	e	s	s	i	v	e	s	t	b	x	m	r	j	k	è	s	g	t
c	e	z	y	m	n	f	u	m	q	z	y	l	p	f	w	x	n	v	t	z	i	k	r	d	r	e
y	u	b	x	e	m	c	o	u	r	a	g	e	u	s	e	s	y	h	w	k	o	b	x	w	e	k
e	r	b	m	i	v	x	t	k	t	j	r	k	o	l	y	s	w	s	t	p	u	n	e	y	s	q
d	e	t	b	x	k	é	a	g	w	a	o	e	m	t	a	k	q	y	p	f	h	u	b	z	s	s
k	u	q	b	g	u	j	g	k	h	e	h	a	d	v	c	q	t	z	p	o	d	g	j	r	i	z
q	s	c	b	a	c	t	i	f	s	w	j	e	y	t	t	d	h	j	v	p	r	b	x	y	f	m
g	e	k	k	m	e	z	j	t	p	q	m	c	u	y	i	o	h	d	w	a	s	t	l	r	w	j
y	s	r	g	j	k	b	e	z	o	k	n	t	g	r	v	q	y	u	t	l	a	s	i	l	z	m
t	g	x	h	a	e	r	w	k	r	l	r	e	i	j	e	l	z	e	b	n	l	w	s	f	r	x
á	n	r	q	k	u	t	n	f	t	z	f	j	i	u	x	u	p	j	w	s	i	p	g	q	t	l
h	w	c	n	g	j	w	y	i	i	t	f	u	r	i	e	u	x	r	q	f	l	f	i	r	l	i
a	p	e	n	s	i	f	s	r	f	y	z	j	w	p	a	b	t	v	y	p	e	n	s	i	f	o
z	d	n	b	m	k	d	r	x	s	é	r	i	e	u	x	t	i	t	r	j	k	e	d	u	o	r
é	t	y	g	e	a	h	e	k	q	w	l	h	z	d	f	u	i	f	u	r	i	e	u	s	e	v

masculin singulier	masculin pluriel	féminin singulier	féminin pluriel
courageux	courageux	courageuse	courageuses
heureux	heureux	heureuse	heureuses
agressif	agressifs	agressive	agressives
actif	actifs	active	actives
sportif	sportifs	sportive	sportives
sérieux	sérieux	sérieuse	sérieuses
furieux	furieux	furieuse	furieuses
pensif	pensifs	pensive	pensives

Station 4: Le comparatif et le superlatif

Page 10

1. Léonie est plus grande que Marina.
2. Martine est la plus petite de toute la classe.
3. Carine est aussi grande que Léonie.
4. Marc est très rapide: Il est plus rapide que Yann.
5. Mais Marius est le plus rapide de tous les garçons.
6. Jules est aussi rapide que Marc.
7. Les femmes à droite sont plus jeunes que les femmes à gauche.
8. Mme Renard est la plus vieille de toutes les femmes.
9. Mme Lefort est aussi jeune que Mme Martin.
10. Limburg est plus petit que Berlin.

Station 5: Le comparatif

Page 11

La veste de Clément est plus cool que la veste d'Arthur. Les chaussures de Lily sont aussi belles que les chaussures de Clara. Emma est plus petite que Noah. Le pull de Théo est plus grand que le pull de Yanis. Zoé est aussi grande qu'Inès. Les cheveux de Camille sont plus longs que les cheveux de Louise. Louis est plus mince que Hugo.

Station 6: Les adjectifs *vieux, bon, mauvais*

Page 12

la traduction	masculin/féminin (au singulier)	le comparatif	le superlatif (au singulier)	le superlatif (au pluriel)
gut	bon/bonne	meilleur(e) que	le meilleur/ la meilleure	les meilleur(e)s
alt	vieux/vieille	plus vieux que/ plus vieille que	le plus vieux/ la plus vieille	les plus vieux/ les plus vieilles
glücklich	heureux/ heureuse	plus heureux que/plus heureuse que	le plus heureux/ la plus heureuse	les plus heureux/ les plus heureuses
wichtig	important(e)	plus important(e) que	le plus important/la plus importante	les plus importants/ les plus importantes
schlecht	mauvais(e)	plus mauvais(e) que	le plus mauvais/la plus mauvaise	les plus mauvais(es)
schlimm	mauvais(e)	pire que	le pire/la pire	les pires

Station 7: Les quantités *plus de, moins de, autant de*

Page 13

Exercice 1: *par exemple*: Notre chien a plus de chance que le chien des voisins. Marie a moins d'idées que ses parents. Les garçons ont autant d'argent que Romane et Jade. Paul a plus de travail que sa copine. Sarah et Lucas ont autant de livres que le prof d'allemand. Gabriel a moins de sucre qu'Emma.

Station 8: L'emploi de l'adjectif indéfini *chaque* et du pronom indéfini *chacun(e)*

Page 14

Exercice 1: Das Wort «chaque» bedeutet jede/jeder/jedes. Es ist unveränderlich in Numerus und Genus. Es steht nur anstelle eines Artikels vor Substantiven im Singular. Das Wort «chacun/chacune» bedeutet jeder/jede/jedes. Es steht im Singular anstelle eines Nomens.

Exercice 2:

1. Marine a beaucoup d'amies. Pour Noël elle écrit une carte à chacune.
2. Chaque fille doit lui répondre.
3. Anna a deux grand-pères. Chacun a une maison.
4. M. et Mme Lefort ont deux filles. Ils achètent un cadeau pour chacune.
5. Chaque élève doit passer un examen.
6. Chacun est bien préparé.
7. Chaque année nous allons écrire cinq interrogations écrites.
8. Chaque jour je vais apprendre cinq mots en français.
9. Trois amies sont allées à Paris. Chacune a son lieu préféré à Paris.
10. Chaque fois que je te vois, je ne peux plus dormir.

Station 1: Les noms des pays 1

Page 15

les Emirats arabes unis (m., Vereinigte Arabische Emirate), la France (Frankreich), l'Allemagne (f., Deutschland), le Portugal (Portugal), l'Espagne (f., Spanien), les Etats-Unis (m., USA), les Pays-Bas (m., Niederlande), le Canada (Kanada), l'Autriche (f., Österreich), le Royaume-Uni (Vereinigtes Königreich/Großbritannien), l'Angleterre (f., England), l'Italie (f., Italien), la Tunisie (Tunesien), le Danemark (Dänemark), le Mexique (Mexiko), la Russie (Russland), l'Australie (f., Australien), le Luxembourg (Luxemburg), la Belgique (Belgien), les Philippines (f., Philippinen)

Station 2: Les noms des pays 2

Page 16

masculin singulier	féminin singulier	masculin pluriel	féminin pluriel
le Portugal le Canada le Royaume-Uni le Danemark le Mexique le Luxembourg	la France l'Allemagne l'Espagne l'Autriche l'Italie la Tunisie la Russie l'Australie la Belgique	les Emirats arabes unis les Etats-Unis les Pays-Bas	les Philippines

Station 3: Les pays et leurs prépositions

Page 17

Exercice 1:

Woher?	feminine Ländernamen	maskuline Ländernamen	Ländernamen im Plural	Ländernamen ohne Artikel
Thomas vient …	de France	du Danemark	des Etats-Unis	de Monaco
Wohin ? Wo ?	**feminine Ländernamen**	**maskuline Ländernamen**	**Ländernamen im Plural**	**Ländernamen ohne Artikel**
Marie est … Les jeunes vont …	en France	au Danemark	aux Etats-Unis	à Monaco

Exercice 2:

feminine Ländernamen: en/de
maskuline Ländernamen: au/du
Ländernamen im Plural: aux/des
Ländernamen ohne Artikel: à/de

Exercice 3:

par exemple: Claire vient de France. Aujourd'hui, elle est en Belgique. Demain, elle va être au Danemark. Samedi elle va aux Etats-Unis. Son copain vient des Etats-Unis. Son amie Charlotte vient de Monaco. Elle habite aux Pays-Bas. L'année prochaine elle va déménager en Autriche.

Station 4: Les nationalités et les adjectifs de nationalité

Page 18

Exercice 1:

l'Europe, un Européen, une Européenne, un village européen
l'Afrique, un Africain, une Africaine, un pays africain
la France, un Français, une Française, une ville française
la Belgique, un Belge, une Belge, un homme belge
le Danemark, un Danois, une Danoise, une fille danoise
le Canada, un Canadien, une Canadienne, un auteur canadien
le Maroc, un Marocain, une Marocaine, une histoire marocaine
les Etats-Unis, un Américain, une Américaine, une voiture américaine
les Antilles, un Antillais, une Antillaise, un hôtel antillais

Exercice 2:

par exemple: Marie vient d'Europe. Elle est Danoise. J'aime bien la musique marocaine. M. Le Fort a passé ses vacances aux plages antillaises. Ma ville préférée est une ville française.

Station 1: L'interrogation par inversion

Page 19

1. Allez-vous souvent au restaurant à côté? 2. Parles-tu/Parlez-vous français? 3. Lucienne, part-elle en vacances? 4. Parle-t-il à tes parents? 5. Tes sœurs, prennent-elles le bus pour aller à l'école? 6. Apprenez-vous le français? 7. Comment trouvez-vous le film? 8. A-t-il vraiment raison? 9. Parle-t-elle quatre langues? 10. Avez-vous déjà mangé quelque chose?

Station 2: La proposition conditionnelle réelle

Page 20

Exercice 1:

Der reale Bedingungssatz ist ein Nebensatz, der mit dem Wörtchen *«si»* eingeleitet wird. Ist die Bedingung, an die sich die Aussage des Hauptsatzes knüpft, wirklich realisierbar (also erfüllbar), dann bezeichnet man ihn als realen Bedingungssatz.

Exercice 2:

1. Si Yann travaille bien à l'école, il aura de bonnes notes.
2. Si tu mets ton pull noir, tu auras chaud.
3. Si je range ma chambre, je trouverai mon livre.
4. Si les filles ne mettent pas la table, elles ne joueront pas avec leurs amies.
5. Si nous partons en vacances, nous serons contents.
6. Si vous apportez trois œufs, nous ferons un gâteau.
7. Si les jeunes crient tout le temps, les profs auront mal à la tête.
8. Si ses parents sont d'accord, Marina pourra dormir chez Emma.

Station 3: La proposition conditionnelle irréelle

Page 21

Exercice 1:

Der irreale Bedingungssatz ist ein Nebensatz, der mit dem Wörtchen *«si»* eingeleitet wird. Ist die Bedingung, an die sich die Aussage des Hauptsatzes knüpft, in Wirklichkeit nicht realisierbar (also nicht erfüllbar) oder zumindest fraglich, dann bezeichnet man ihn als irrealen Bedingungssatz.

Exercice 2:

Im realen Bedingungssatz, ist die Umsetzung der Bedingung möglich bzw. gewährleistet, im irrealen Bedingungssatz ist dies nicht der Fall: Sie ist hier zweifelhaft oder gar ausgeschlossen.
Im realen Bedingungssatz verwendet man im Hauptsatz das *futur simple* und im Nebensatz *si + présent*; im irrealen Bedingungssatz verwendet man im Hauptsatz das *conditionnel* und im Nebensatz *si + imparfait*.

Exercice 3:

1. Si je vivais à Paris, j'habiterais près des Galeries Lafayette. 2. Si mes parents étaient prêts, nous partirions maintenant. 3. Si elle vivait à Hollywood, elle rencontrerait des stars. 4. S'ils partaient en vacances, Paul serait seul.

Station 4: La mise en relief avec *c'est qui/c'est que*

Page 22

1. C'est l'école qui m'énerve.
2. C'est ma sœur qui a cassé l'assiette de mémé.
3. Ce sont mes amis que j'ai invités.
4. C'est Pauline que vous avez invitée?
5. C'est Notre-Dame de Paris qui se trouve sur une île.
6. C'est sur une île où se trouve Notre-Dame de Paris.
7. Ce sont les macarons que mon père préfère.
8. C'est la cigogne qui est l'animal typique de l'Alsace.
9. Ce sont le français et l'espagnol qui m'intéressent beaucoup.
10. Ce sont les chiens que j'aime bien.
11. C'est Gustave Eiffel qui est le constructeur de cette tour.

Station 5: Les phrases relatives avec *ce qui/ce que*

Page 23

Exercice 1:

1. Les parents ne savent pas ce qui l'intéresse.
2. Les élèves font ce qui leur plaît.
3. Dites-lui ce que vous désirez.
4. Arrête ce que tu es en train de faire!
5. Nous ne comprenons pas ce que le prof nous explique.
6. Il faut aimer ce qu' on a.
7. Le marchand n'a pas ce que le cuisinier désire.
8. Elle m'a dit ce qui est juste.
9. Mon frère ne sait pas ce que j'ai acheté pour son anniverssaire.
10. Tu ne sais pas ce que j'ai lu hier.
11. Nous ne savons pas ce qui s'est passé.

Station 1: Le gérondif

Page 24

1. Est-ce que nous allons/Allons-nous au restaurant en prenant la voiture? 2. Les filles ne parlent pas en écoutant de la musique chinoise. 3. En prenant une douche Antoine chante. 4. Est-ce que Sara voit/Sara voit-elle beaucoup de vieux bâtiments en passant ses vacances à Dijon? 5. En attendant le bus elle écoute sa musique préférée. 6. Pierre arrive à l'école en mangeant un sandwich. 7. Les jeunes gagnent de l'argent en vendant des gâteaux. 8. En invitant des amis Louise prépare sa fête.

Station 2: Le présent duratif

Page 25

par exemple: Louis est en train de prendre une douche. Nous sommes en train d'écrire une lettre. Mathéo est en train de téléphoner. Mme Lefort est en train de faire les courses. Zoé est en train de chatter avec ses copines. M. Chevalier est en train de prendre le petit-déjeuner. Camille et Jade, vous êtes en train de regarder un film? Yanis et ses amis sont en train de jouer au ping-pong. Les élèves sont en train de faire un gâteau. M. et Mme Beauchamp sont en train d'aller au cinéma. Je suis en train de travailler.

Station 3: Le passé récent (le passé proche)

Page 26

Exercice 1:

par exemple: 1. Il vient de faire les courses au supermarché. 2. Ils viennent de jouer au foot. 3. Ils viennent de prendre le petit-déjeuner. 4. Il vient de prendre une douche.
5. Il/Elle vient de lire un livre. 6. Elle vient de téléphoner. 7. Ils viennent de danser.

Station 4: Le plus-que-parfait

Page 27

Exercice 1:

Das *plus-que-parfait* verwendet man, um etwas in der Vorvergangenheit auszudrücken.
Es wird gebildet aus der konjugierten *Imparfait*-Form des Hilfsverbs *avoir* oder des Hilfsverbs *être* und dem *participe passé*.
Dieses kennen wir bereits aus einer anderen Zeitform, dem *passé composé*.

Exercice 2:

1. Letztes Wochenende habe ich ein Tier gesehen, das ich vorher noch nie gesehen hatte.
2. Wir waren sehr froh, als der Test beendet war.
3. Als die Kinder aus der Schule gekommen waren, aβen sie.
4. Wenn du gewollt hättest, hättest kommen können.

Station 5: L'imparfait

Page 28

Exercice 1:

1. Man nimmt die 1. Pers. Pl. Präsens und ersetzt die Endung *-ons* durch die Imparfait-Endungen: *-ais, -ais, -ait, -ions, -iez, aient.* Beispiel: *sortir: nous sortons → je sortais, tu sortais, il sortait, nous sortions, vous sortiez, ils sortaient.*
2. Beschreiben von sich in der Vergangenheit wiederholenden Ereignissen und Handlungen; Beschreiben gleichzeitig ablaufender Handlungen in der Vergangenheit (Signalwort: *pendant que*); Beschreiben von Gewohnheiten in der Vergangenheit (Signalwörter: *toujours, tout le temps*); Beschreiben von Gefühlen, Personen, Gegenständen, Wetter; nach dem *«si»* im irrealen Bedingungssatz.
3. j'étais, tu étais, il était, nous étions, vous étiez, ils étaient

Exercice 2:

1. Nous	[ ] allons	[x] allions	[ ] allé souvent au restaurant à côté.
2. Je ne	[ ] comprend	[ ] comprenions	[x] comprenais rien du tout.
3. Lucienne	[ ] est partie	[x] partait	[ ] partais tous les samedis soir.
4. Mon petit frère	[ ] criaient	[ ] criiez	[x] criait pour rien.
5. Mes grand-parents ne	[ ] parlait	[x] parlaient	[ ] parliez jamais à leurs voisins.
6. L'an dernier tu	[x] prenais	[ ] prenait	[ ] prends le bus pour aller à l'école.
7. Ma copine et moi, nous	[ ] font	[x] faisions	[ ] faisiez beaucoup ensemble.
8. Vous	[x] étiez	[ ] étaient	[ ] avez été toujours triste.

Station 6: Le passé composé et l'imparfait

Page 29

u	t	o	u	j	o	u	r	s	t	h	c	h	a	q	u	e	m	a	t	i	n	y	z
n	f	q	z	y	c	e	s	o	i	r	m	p	c	e	t	t	e	f	o	i	s	a	q
m	y	h	p	s	b	k	a	i	t	o	u	s	l	e	s	s	o	i	r	s	t	v	w
a	c	h	a	q	u	e	N	o	ë	l	t	j	c	e	s	o	i	r	m	v	p	m	p
t	b	v	z	q	w	à	g	x	m	h	j	t	u	k	d	w	x	m	t	z	p	f	a
i	o	u	s	l	e	s	d	i	m	a	n	c	h	e	s	z	p	e	u	c	u	n	r
n	h	j	l	a	q	x	t	k	z	r	i	r	b	e	x	j	r	q	k	b	i	l	f
w	c	h	a	q	u	e	a	p	r	è	s	-	m	i	d	i	t	w	q	s	s	o	o
g	r	q	n	b	t	s	j	e	r	i	q	y	u	t	m	e	n	f	i	n	x	g	i
d'	a	b	o	r	d	l	t	o	u	t	à	c	o	u	p	m	d	e	m	x	s	q	s
q	f	s	r	e	n	s	u	i	t	e	h	r	v	x	j	h	k	p	t	é	t	g	k
s	d	r	g	z	w	m	u	v	j	g	z	p	e	n	d	a	n	t	q	u	e	z	f

les mots-clés du passé composé	les mots-clés de l'imparfait
d'abord tout à coup ce soir cette fois ensuite puis enfin un matin	toujours pendant que tous les soirs chaque Noël tous les dimanches chaque après-midi chaque matin parfois

Exercice 1:

Das *futur simple* wird gebildet, indem man an die Infinitiv-Form des Verbs die Futurendungen *-ai, -as, -a, -ons, -ez* und *-ont* anhängt. Bei Verben auf *-re* wird das letzte *e* entfernt. Verben auf *-oir* sowie einige weitere sind unregelmäßig.
Es wird im Gegensatz zum *futur composé* sowohl in der gesprochenen als auch in der geschriebenen Sprache verwendet. Es bezeichnet außerdem eher Handlungen, die in ferner Zukunft stattfinden, d. h. die Zukunft, die von der Gegenwart losgelöst ist.

Exercice 2:

1. Demain, je chercherai mon livre.
2. Il aimera le football.
3. Nous préparerons une grande fête.
4. Marie chantera une chanson.
5. Elles chercheront le marché aux puces.
6. Nous détesterons les devoirs.
7. Nicolas et toi, vous parlerez du film?
8. Je mangerai un sandwich.
9. On regardera la télé.
10. Tu chercheras une école pour ton fils?
11. Vous aimerez Paris?
12. Ils trouveront une maison à Strasbourg.

Exercice 3:

devoir →	je devrai	avoir →	vous aurez
voir →	tu verras	faire →	ils feront
pouvoir →	il pourra	aller →	j'irai
vouloir →	elle voudra	il faut →	il faudra
savoir →	nous saurons	être →	tu seras

Exercice 1:

Das *passé simple* der Verben auf *-er* wird gebildet, indem man an den Infinitivstamm des Verbs die *passé-simple*-Endungen *-ai, -as, -a, -âmes, -âtes* und *-èrent* anhängt. Für die Verben auf *-ir* und *-re* nimmt man die Endungen *-is, -is, -it, -îmes, -îtes* und *-irent*. Verben auf *-oir* sowie einige weitere sind unregelmäßig.
Das *passé simple* kommt fast ausschließlich in der geschriebenen Sprache vor und ist uns daher hauptsächlich über die Lektüre von Büchern bekannt. Es drückt abgeschlossene Handlungen in der Vergangenheit aus, die einmalig und punktuell sind.

Exercice 2:

1. Hier, je cherchai mon chien.
2. Elle aima la natation.
3. Nous préparâmes un gâteau.
4. Emeline prit une photo de la moto.
5. Elles allèrent au supermarché.
6. Nous détestâmes ce travail.
7. Thomas et toi, vous parlâtes du livre.
8. Je mangeai une salade.
9. On regarda un film.
10. Tu cherchas quelque chose.
11. Ils trouvèrent une vieille Mercedes.

Exercice 3:

boire →	il but	avoir →	il eut
voir →	il vit	faire →	il fit
pouvoir →	il put	lire →	il lut
vouloir →	il voulut	vivre →	il vécut
savoir →	il sut	être →	il fut

Station 9: Le conditionnel présent

Page 32

Exercice 1:

a	i	m	e	r	a	i	s	x	y	r	z	o
q	f	s	k	t	v	z	s	e	r	i	e	z
l	d	i	t	h	k	j	é	t	j	x	u	j
i	e	j	d	o	r	m	i	r	i	o	n	s
r	v	p	r	é	f	é	r	e	r	a	i	t
a	r	r	y	x	u	r	q	t	m	t	h	l
i	a	j	d	w	i	m	h	q	c	l	f	t
e	i	h	t	o	f	e	r	a	i	t	j	l
n	s	e	l	z	m	c	a	o	q	y	z	i
t	k	u	o	u	l	o	n	r	r	j	m	n
r	o	g	j	e	m	i	r	a	i	e	n	t
v	e	r	r	i	o	n	s	q	d	t	j	n

Exercice 2

aimer, j'aimerais, tu aimerais, il aimerait, nous aimerions, vous aimeriez, ils aimeraient
dormir, je dormirais, tu dormirais, il dormirait, nous dormirions, vous dormiriez, ils dormiraient
lire, je lirais, tu lirais, il lirait, nous lirions, vous liriez, ils liraient
préférer, je préférerais, tu préférerais, il préférerait, nous préférerions, vous préféreriez, ils préféreraient
être, je serais, tu serais, il serait, nous serions, vous seriez, ils seraient
faire, je ferais, tu ferais, il ferait, nous ferions, vous feriez, ils feraient
vouloir, je voudrais, tu voudrais, il voudrait, nous voudrions, vous voudriez, ils voudraient
voir, je verrais, tu verrais, il verrait, nous verrions, vous verriez, ils verraient
devoir, je devrais, tu devrais, il devrait, nous devrions, vous devriez, ils devraient
aller, j'irais, tu irais, il irait, nous irions, vous iriez, ils iraient.

Station 10: Le conditionnel passé

Page 34

Si j'avais gagné trois millons d'euros au lotto, j'aurais … acheté un nouveau vélo, visité la statue de la Liberté à New York/fait un voyage à New York, acheté une belle bague, fait un voyage sur une île, acheté un chien, acheté un chat, pris/acheté un nouveau portable/smartphone, visité la Tour Eiffel à Paris/fait un voyage à Paris, acheté une grosse voiture

Station 11: Le subjonctif présent

Page 35

Exercice 1:

Der *subjonctif présent* steht hauptsächlich nach Verben oder Ausdrücken, die *Wünsche, Aufforderungen* oder *Gefühle* ausdrücken.

Folgende vier Verben/Ausdrücke lösen automatisch den *subjonctf présent* aus:
par exemple: il aimerait que, il est content que, il préfère que, il souhaite que, il voudrait que, …

Exercice 2:

arriver	qu'il arrive	que nous arrivions	qu'elles arrivent
faire	que tu fasses	que vous fassiez	que je fasse
pouvoir	que je puisse	qu'elle puisse	que nous puissions
avoir	que nous ayons	qu'ils aient	qu'il ait
être	que je sois	que vous soyez	qu'ils soient
choisir	que tu choisisses	qu'il choisisse	que je choisisse
aller	que nous allions	que j'aille	que tu ailles

Station 12: L'indicatif et le subjonctif

Page 36

Exercice 1:

l'indicatif: c'est vrai que, elle est sûre que, nous nous imaginons que, vous pensez que, il éstime que, c'est sûr que, elles sont certaines que, j'ai l'impression que, ils sont persuadés que, tu crois que, je trouve que
le subjonctif: il n'est pas certain que, ce n'est pas sûr que, ce n'est pas probable que, je ne prétends pas que, c'est possible que, nous ne croyons pas que, vous n'êtes pas convaincus que, ils n'ont pas l'impression que, elle n'éstime pas que, ce n'est pas certain que, c'est faux que, il est impossible que, je ne m'imagine pas que

Station 1: Les verbes en *-ir*

Page 37

Exercice 1:

finir: je finis, tu finis, il/elle/on finit, nous finissons, vous finissez, ils/elles finissent
Bei Verben auf *-ir* mit Stammerweiterung wird der Wortstamm im Singular um ein *-i-* und im Plural um *-iss-* verlängert.

Exercice 2:

	choisir	réagir	réfléchir
je	choisis	réagis	réfléchis
tu	choisis	réagis	réfléchis
il/elle/on	choisit	réagit	réfléchit
nous	choisissons	réagissons	réfléchissons
vous	choisissez	réagissez	réfléchissez
ils/elles	choisissent	réagissent	réfléchissent

Exercice 3:

1. Marc ne part pas en vacances cette année.
2. Les enfants dorment toujours jusqu'à neuf heures.
3. Mon frère et moi, nous finissons la glace à la fraise.
4. Aujourd'hui je me sens malade.

Station 2: Le verbe *recevoir*

Page 38

Exercice 1:

le présent: je reçois, tu reçois, il/elle/on reçoit, nous recevons, vous recevez, ils/elles reçoivent
l'impératif: reçois, recevons, recevez
l'imparfait: je recevais
le passé simple: je reçus
le futur simple: je recevrai
le passé composé: j'ai reçu
le plus-que-parfait: j'avais reçu

Exercice 2:

par exemple: J'ai reçu une lettre. Nous recevons une médaille. Mes parents reçoivent de grands cadeaux. Mme Lefort reçoit un e-mail de son ami. Tu recevras les gens chez toi.

Station 3: Les verbes *savoir* et *pouvoir*

Page 39

Exercice 1:

savoir: le présent: je sais, tu sais, il/elle/on sait, nous savons, vous savez, ils/elles savent
le passé composé: j'ai su, **l'imparfait**: je savais
pouvoir: le présent: je peux, tu peux, il/elle/on peut, nous pouvons, vous pouvez, ils/elles peuvent
le passé composé: j'ai pu, **l'imparfait**: je pouvais

Exercice 2:

«savoir faire qc» bedeutet: man hat es gelernt, man weiß, wie es geht, man hat die Fähigkeit dazu
«pouvoir faire qc» bedeutet: man hat die Möglichkeit dazu, man hat die körperliche Verfassung/die Voraussetzungen dafür, man hat Zeit dafür

Exercice 3:

«Je veux bien aller à la piscine. Je sais nager. Mais aujourd'hui, ma grand-mère va venir. Comme cela je ne peux pas aller à la piscine. Ma mère peut aller chercher ma grand-mère en voiture à la gare. Elle sait conduire. Peut-être Mathieu peut venir me voir à la maison. Il sait bien jouer à la Wii.»

Station 4: Quelques verbes spéciaux

Page 40

Exercice 1:

					1 I	l		v	i	t		à		**P**	a	r	i	s																
									2 V	o	u	s		**a**	v	e	z		b	a	t	t	u		l	e		c	h	i	e	n		
										3 J	e		c	**r**	o	i	s		e	n		t	o	i										
					4 I	l	s		m	e		s	u	**i**	v	e	n	t		t	o	u	t		l	e		t	e	m	p	s		
5 M.		E	i	f	f	e	l		a		c	o	n	**s**	t	r	u	i	t		u	n	e		t	o	u	r						
					6 I	l		s	e		p	l	a	**i**	n	t		t	o	u	j	o	u	r	s									
	7 N	o	u	s		b	u	v	o	n	s		d	**e**		l'	e	a	u															
					8 E	l	l	e		t'	a		e	**n**	v	o	y	é		u	n		p	e	t	i	t		p	a	q	u	e	t

Solution: M. Renard est **Parisien**.

Station 5: Les verbes pronominaux au présent — Page 41

Exercice 1:

Diese Verben sind immer mit einem Pronomen (*me, te,* usw.) verbunden, daher nennt man sie auch *les verbes pronominaux.*
Im Gegensatz zum Deutschen steht das Reflexivpronomen immer direkt vor dem Verb.

Exercice 2: *par exemple:*

infinitif	s'amuser	se demander
je	m'amuse	me demande
tu	t'amuses	te demandes
il/elle/on	s'amuse	se demande
nous	nous amusons	nous demandons
vous	vous amusez	vous demandez
ils/elles	s'amusent	se demandent

Station 6: Les verbes pronominaux au passé composé — Page 42

Exercice 1:

se tromper, s'appeler, s'habiller, se laver, se lever, se souvenir, se promener, se baigner, s'amuser, se blesser, se reposer

Station 7: Les verbes pronominaux au passé composé — Page 43

y	a	d	o	r	e	r	t	g	v	b	m	z	q	p
h	p	z	w	e	f	j	a	x	b	i	l	u	z	r
m	z	o	m	r	ê	v	e	r	z	l	q	y	o	é
t	n	j	u	t	d	s	t	b	c	f	e	x	w	f
a	z	g	a	v	j	w	m	y	x	a	t	b	i	é
l	e	y	p	w	o	h	j	w	m	u	v	a	n	r
l	e	h	k	r	u	i	c	y	a	t	w	p	z	e
e	z	s	a	v	o	i	r	k	e	y	s	p	h	r
r	t	d	a	j	n	m	f	r	s	w	k	r	h	k
y	r	z	j	e	g	o	d	é	s	i	r	e	r	é
à	g	i	w	h	b	y	j	j	a	t	v	n	h	o
c	o	m	m	e	n	c	e	r	y	s	r	d	j	u
g	j	x	w	j	h	b	q	r	e	j	k	r	g	b
t	a	i	d	e	r	b	é	n	r	g	m	e	w	l
y	r	z	q	p	b	e	w	j	l	h	g	s	o	i
a	v	o	i	r	e	n	v	i	e	d	t	x	v	e
b	f	r	a	j	p	z	e	n	m	i	e	w	m	r

verbe + l'infinitif	verbe + à + l'infinitif	verbe + de + l'infinitif
adorer, préférer, pouvoir, savoir, il faut, aller, désirer	apprendre, commencer, aider qn	essayer, oublier, rêver, avoir envie

Solutions: Les verbes

Station 8: Les négations *ne … aucun, ne … personne, ne … rien, ne … que, ne … ni … ni*

Page 44

Exercice 1:

ne … aucun(e): kein einzige(r/s)
ne … personne: niemand/keine(r/s)
rien … ne: nichts
ne … que: nur/erst
ne … ni … ni: weder … noch

Exercice 2:

1. Il ne m'écrit qu'une fois par jour. 2. Elles n'ont vu personne au supermarché. 3. Je ne prends aucun de ces jeans. 4. Vous ne vous intéressez à rien. 5. Nous ne voulons boire qu'un café. 6. Elle ne boit ni du café ni du thé.

Station 1: La place du pronom à l'impératif

Page 45

Exercice 1:

Das Objektpronomen steht beim Imperativ immer hinter dem Verb.
Es wird mit einem Bindestrich angeschlossen.
Moi und *toi* sind die Formen, die für *me* und *te* genutzt werden.
Anders ist dies beim verneinten Imperativ: Hier steht das Pronomen vor dem Verb und wird nicht mit Bindestrich angeschlossen.
Die Verneinung umklammert den Imperativ und das Pronomen.

Exercice 2:

par exemple: Regarde-moi! Allons-y! N'y pense plus! Donne-le à mémé! Montrez-nous les photos! Ne lui raconte pas cela! Préparons-nous vite! Ecrivez-leur une lettre! Traduis-les en allemand! Ne l'achète pas! Téléphonons-lui plus tard!

Station 2: L'ordre des pronoms compléments d'objet

Page 46

Exercice 1:

par exemple: 1. Montrons-le-lui! 2. Donne-les-moi! 3. Racontez-la-leur! 4. Traduisons-les-nous! 5. Parle-le-lui!

Exercice 2:

D – A – C – B

Station 3: Les déterminants possessifs et les pronoms possessifs — Page 47

Exercice 1:

Im Gegensatz zum Deutschen wird im Französischen zwischen den Possessivpronomen und den Possessivbegleitern unterschieden.
Die Possessivbegleiter lauten: mon, ma, mes, ton, ta, tes, son, sa, ses, notre, nos, votre, vos, leur, leurs.
Sie stehen immer vor einem Nomen. Sie „begleiten" ein Nomen.
In Geschlecht (Genus) und Anzahl (Numerus) richten sie sich nach diesem Nomen.
Die Possessivpronomen lauten: le mien, la mienne, les miens, les miennes, le tien, la tienne, les tiens, les tiennes, le sien, la sienne, les siens, les siennes, le nôtre, la nôtre, les nôtres, le vôtre, la vôtre, les vôtres, le leur, la leur, les leurs.
Sie stehen ohne Nomen, denn sie ersetzen dieses. Auch sie werden in Genus und Numerus dem Nomen angeglichen, das sie eretzen.

Exercice 2:

1. C'est ta voiture? Oui, c'est la mienne.
2. Ce sont les cahiers de M. Berg, votre/ton prof d'allemand? Oui, ce sont les siens.
3. J'ai perdu mon stylo. Est-ce que tu peux me prêter le tien?
4. C'est ma chemise ou la tienne/la sienne?
5. Vos gâteaux sont plus grands que les nôtres.
6. On a reçu les resultats de l'interrogation. Ta note est meilleure que la mienne/la sienne.
7. C'est la tarte pour Amélie et Pauline? Oui, c'est la leur.
8. Mme Marais souhaite la bienvenue à sa nouvelle voisine et elle lui explique: «Mon appartement se trouve juste à cote du vôtre.»
9. Là-bas, ce sont les voitures des profs? Oui, ce sont les leurs.
10. C'est le chat de Mme Lefort? Oui, c'est le sien.
11. Où sont nos livres? Nous ne voyons que les vôtres/les tiens.
12. M. Dupont à M. Chevallier: «Notre/Ma voiture est plus belle que la vôtre/la tienne.»

Station 4: Le pronom *en* et son emploi — Page 48

Exercice 1:

- Bonjour, madame.
- Bonjour, monsieur.
- Vous désirez?
- Vous avez du fromage?
- Oui, j'en ai. Vous en voulez combien?
- 200 grammes, s'il vous plaît.
- Et avec ça?
- Vous avez aussi de la glace?
- Oui, j'en ai aussi.
- Pourriez-vous me donner une boîte de glace à la vanille, s'il vous plaît?
- Voilà la glace, monsieur. Je vous en donne 500 grammes. D'accord?
- Oui, merci. En plus, il me faut de l'eau.
- Vous en voulez combien?
- Je voudrais trois bouteilles, madame.
- Voilà, monsieur. C'est tout?
- Oui, merci. Ça fait combien?
- 12 euros, s'il vous plaît.
- Je vous en donne 13. Merci et au revoir.
- Au revoir et merci, monsieur.

Exercice 2:

par exemple: 1. Tu viens de Mayence? Oui, j'en viens.
2. Elle te parle de ses vacances? Non, elle n'en parle pas.
3. Ils ont changé de train? Non, ils n'en pas changé.
4. Nous revenons du cinéma. Vous en revenez aussi?
5. Tu viens de chez tes grands-parents? Oui, j'en viens.

Station 5: Le pronom *y* et son emploi

Page 49

Exercice 1:

1. à, chez, dans, sur, en, …
2. Es steht direkt vor dem Verb.
3. Sie umschließt das konjugierte Verb und das *y*.
4. Es könnte mit „dort“ oder „dorthin“ übersetzt werden.

Exercice 2:

par exemple: 1. Tu vas au supermarché? Oui, j'y vais.
2. Vous allez en ville? Oui, nous y allons.
3. Les livres, sont-ils sur l'étagère? Non, ils n'y sont pas.
4. Nous allons chez Philippe. Nous y allons souvent.
5. La souris est dans l'armoire. Elle aime y être.

Station 6: Le pronom démonstratif *celui/celle*

Page 49

Exercice 1:

celle, ceux, celles

masculin singulier	féminin singulier	masculin pluriel	féminin pluriel
celui	celle	ceux	celles
dieser/der/ dieses/das	diese/die/dieses/ das	diese/die	diese/die

Exercice 2:

1. Quelle robe est-ce que tu vas porter ce soir? Je vais porter celle à fleurs.
2. J'ai deux livres: l'un de Victor Hugo et l'autre d'Antoine de Saint-Exupéry. Je vais lire celui de Victor Hugo d'abord.
3. Quelle maison est-ce que tu préfères? Celle-ci ou celle-là?
4. Peux-tu me donner les CD? Ceux dont je t'ai parlé hier.
5. Pour aller dehors il te faut encore un anorak. Tu veux celui-ci ou celui-là?
6. Ma mère m'a acheté des pulls. Moi, j'aime bien ceux/celui à capuche.
7. Demain, c'est l'anniversaire de Yann. Quel gâteau est-ce que nous allons faire pour lui? Je propose celui avec les petits clowns.
8. Voilà des chaussures! Que penses-tu de celles fabriquées en France?
9. Il me faut encore du sucre. Tiens, prends celui-là.
10. Les enfants de Mme Lefort, ce sont ceux qu'on a vu hier.

Station 8: Les pronoms relatifs *qui, que, où*

Page 52

Exercice 1:

1. J'ai un copain qui joue du piano.
2. Ils regardent un film que tu aimes beaucoup.
3. Voilà la ville où vous habitez.
4. Vous connaissez les gens que Marie a invités.
5. Vous connaissez les gens qui dansent devant le Centre Pompidou?
6. Le restaurant où ils veulent aller est juste à côté d'ici.

Exercice 2:

par exemple: 1. Marie est une fille que les autres ne connaissent pas. → Marie est une fille. Les autres ne la connaissent pas.
2. La chanteuse qui s'appelle Edith Piaf est très connue en France. → La chanteuse s'appelle Edith Piaf. Elle est très connue en France.
3. Les élèves sont dans la salle de musique où ils jouent à la guitarre. → Les élèves sont dans la salle de musique. Ils jouent à la guitarre.

Station 9: Le pronom relatif *dont*

Page 53

Exercice 1:

1. J'ai un copain dont la mère est médecin.
2. Est-ce que tu aimes beaucoup le film dont je t'avais parlé?
3. Cette année, Marine va au carnaval de Cologne dont elle a beaucoup entendu parler.
4. Vous connaissez les gens dont je regarde les photos?
5. Elle connaît la femme dont la fille danse devant le Centre Pompidou.
6. Ils veulent aller à la boulangerie dont le chef s'appelle M. Petit.

Exercice 2:

par exemple: 1. C'est la maison dont nous avons rêvé depuis longtemps. → C'est la maison. Nous avons rêvé de cette maison depuis longtemps.
2. La France dont la capitale est Paris est un beau pays. → La France est un beau pays. La capitale de la France, c'est Paris.
3. La femme dont j'ai acheté la voiture était très vieille. → La femme était très vieille. J'ai acheté la voiture de la femme.